사 | 경 | 본

우리말천수경

사 | 경 | 본

조계종 표준

우리말 천수경

대한불교조계종 의례위원회 편역

조계종출판사

천수경

천수경의 본래 이름은 '천수천안 관자재보살 광대원만무애대비심 대다라니경'이나 약칭하여 '천수경'이라 합니다. 천수(千手)는 천수천안(千手千眼)의 줄임말로 관세음보살을 뜻합니다.

관세음보살은 중생구제를 위하여 천 개의 손과 천 개의 눈을 갖고 계신 분으로, 끝없는 대비심으로 사바세계 중생들을 고통 속에서 구제하시는 대비주(大悲呪)입니다.

천수경은 관세음보살의 공덕 찬탄을 주 내용으로 하며 관세음보살님의 참말씀인 신묘장구 대다라니가 장엄하게 전개됩니다. 그리고 참회와 발원의 삶인 대승보살행을 가르칩니다.

사경이란

사경은 부처님의 가르침이 담긴 경전과 다라니 등을 옮겨 쓰는 것을 말합니다. 이는 경전을 깊이 이해하려는 목적도 있지만, 신심을 증장시키고 참회와 발원 삼매에 이르는 수행적 의미가 큽니다.

또한, 돌아가신 부모의 명복과 나라의 안녕을 위한 발원으로 사경한 내용을 불상, 탑 등에 모실 때 사리 및 장엄구 등과 함께 봉안하여 부처님의 말씀을 후대에 전한다는 의미가 있습니다.

사경의 가치

· 만약 어떤 사람이 경전을 사경, 수지, 해설하면 대원을 성취한다

_법화경 법사공덕품

· 사경의 공덕이 탑을 조성하는 것보다 수승하다

_ 도행반야경 탑품

정성을 다해 사경하는 이에게는 관세음보살님의 가피와 위신력으로 번뇌와 어리석은 마음이 없어지고 지혜가 생겨납니다. 또한, 마음이 안정되고 평화로워져 미소가 떠나지 않습니다. 내면의 평화는 집안의 평화를 가져오고 참회와 업장소멸, 소원성취가 절로 이뤄집니다.

사경을 반드시 처음부터 끝까지 한 번에 써내려갈 필요는 없습니다. 마음속에 새기고 싶은 구절이 있을 때에는 여러 번 읽고 사색에 잠기는 것도 좋습니다. 사경을 통해 내용을 '나의 것'으로 만들고 공덕을 쌓는 것이야말로 진정한 사경의 가치라 할 수 있습니다.

천수경 독송과 사경의 10가지 공덕

1. 모든 중생들을 안락하게 한다.
2. 모든 병을 없앤다.
3. 수명을 연장한다.
4. 풍요를 얻게 한다.
5. 모든 악업과 중죄를 소멸시킨다.
6. 모든 장애와 어려움을 제거한다.
7. 일체 청정한 법과 모든 법을 증장시킨다.
8. 모든 착한 일을 성취시킨다.
9. 모든 두려움을 멀리 떠나게 한다.
10. 모든 바라는 바 소망을 성취한다.

사경의 방법

1. 몸을 정결히 하고 옷차림을 단정히 합니다.
   (사경 준비 : 사경상, 방석, 필기도구 등)
2. 경건한 마음으로 합장하며 사경할 부분을 독송합니다.
3. 마음을 고요히 하고 정성스레 사경을 시작합니다.
4. 사경을 마친 후 옮겨 쓴 경을 독송합니다.
5. 독송이 끝나면 사경한 날짜를 쓰고, 사경 발원문을 생각하며 축원합니다.
6. 삼배로 의식을 마칩니다.
7. 완성된 사경은 집안에서 가장 높은 곳이나 정갈한 곳에 보관하거나 부처님 전에 올립니다.

사경 횟수

- 이 사경집은 천수경을 6번 쓸 수 있도록 엮었습니다. 부족하다고 여겨지면 형편에 맞춰 더 사경하시는 것이 좋습니다.

- 무작정 사경 횟수만을 맞추기보다는 각자의 원력이나 형편에 맞추어 쓰면서 기도하시기 바랍니다.

발 원 문

발원재자 :

우리말천수경

정구업진언

수리수리 마하수리 수수리 사바하

수리수리 마하수리 수수리 사바하

수리수리 마하수리 수수리 사바하

오방내외안위제신진언

나무 사만다 못다남 옴 도로 도로 지미 사바하

나무 사만다 못다남 옴 도로 도로 지미 사바하

나무 사만다 못다남 옴 도로 도로 지미 사바하

개경게

위없이 심히깊은 미묘한법을

백천만겁 지난들 어찌만나리

제가이제 보고듣고 받아지니니
부처님의 진실한뜻 알아지이다.

개법장진언

옴 아라남 아라다
옴 아라남 아라다
옴 아라남 아라다

천수천안 관음보살 광대하고 원만하며
걸림없는 대비심의 다라니를 청하옵니다.
자비로운 관세음께 절하옵나니
크신원력 원만상호 갖추시옵고
천손으로 중생들을 거두시오며
천눈으로 광명비춰 두루살피네.

사경한 날 :　　　년　　월　　일

1

진실하온 말씀중에 다라니펴고
함이없는 마음중에 자비심내어
온갖소원 지체없이 이뤄주시고
모든죄업 길이길이 없애주시네.
천룡들과 성현들이 옹호하시고
백천삼매 한순간에 이루어지니
이다라니 지닌몸은 광명당이요
이다라니 지닌마음 신통장이라
모든번뇌 씻어내고 고해를건너
보리도의 방편문을 얻게되오며
제가이제 지송하고 귀의하오니
온갖소원 마음따라 이뤄지이다.

1

자비하신 관세음께 귀의하오니

일체법을 어서속히 알아지이다.

자비하신 관세음께 귀의하오니

지혜의눈 어서어서 얻어지이다.

자비하신 관세음께 귀의하오니

모든중생 어서속히 건네지이다.

자비하신 관세음께 귀의하오니

좋은방편 어서어서 얻어지이다.

자비하신 관세음께 귀의하오니

지혜의배 어서속히 올라지이다.

자비하신 관세음께 귀의하오니

고통바다 어서어서 건너지이다.

사경한 날 : 년 월 일

1

자비하신 관세음께 귀의하오니

계정혜를 어서속히 얻어지이다.

자비하신 관세음께 귀의하오니

열반언덕 어서어서 올라지이다.

자비하신 관세음께 귀의하오니

무위집에 어서속히 들어지이다.

자비하신 관세음께 귀의하오니

진리의몸 어서어서 이뤄지이다.

칼산지옥 제가가면 칼산절로 꺾여지고

화탕지옥 제가가면 화탕절로 사라지며

지옥세계 제가가면 지옥절로 없어지고

아귀세계 제가가면 아귀절로 배부르며

수라세계 제가가면 악한마음 선해지고

축생세계 제가가면 지혜절로 얻어지이다.

나무 관세음보살마하살

나무 대세지보살마하살

나무 천수보살마하살

나무 여의륜보살마하살

나무 대륜보살마하살

나무 관자재보살마하살

나무 정취보살마하살

나무 만월보살마하살

나무 수월보살마하살

나무 군다리보살마하살

사경한 날 :　　　년　　월　　일

나무 십일면보살마하살

나무 제대보살마하살

나무 본사아미타불

나무 본사아미타불

나무 본사아미타불

신묘장구 대다라니

나모 라다나 다라야야 나막알약 바로기제

새바라야 모지사다바야 마하사다바야 마하

가로 니가야 옴 살바 바예수 다라나 가라야

다사명 나막 까리다바 이맘알야 바로기제

새바라 다바 니라간타 나막하리나야 마발다

이사미 살발타 사다남 수반아예염 살바보

다남 바바마라 미수다감 다냐타 옴 아로계

아로가 마지로가 지가란제 혜혜하례 마하모

지 사다바 사마라 사마라 하리나야 구로구

로 갈마 사다야 사다야 도로도로 미연제 마

하미연제 다라다라 다린 나례 새바라 자라

자라 마라미마라 아마라 몰제예혜혜 로계새

바라 라아 미사미 나사야 나베사미사미 나

사야 모하자라 미사미 나사야 호로호로 마

라호로 하례 바나마나바 사라사라 시리시리

소로소로 못쟈못쟈 모다야 모다야 매다리

야 니라간타 가마사 날사남 바라하라나야

마낙 사바하 싯다야 사바하 마하싯다야 사

사경한 날 : 년 월 일

바하 싯다유예 새바라야 사바하 니라간타야

사바하 바라하 목카싱하 목카야 사바하 바

나마 하따야 사바하 자가라 욕다야 사바하

상카섭나네 모다나야 사바하 마하라 구타다

라야 사바하 바마사간타 이사시체다 가릿나

이나야 사바하 먀가라 잘마니바 사나야 사

바하 나모라 다나다라 야야 나막알야 바로

기제 새바라야 사바하

사방찬

동방에 물뿌리니 도량이맑고

남방에 물뿌리니 청량얻으며

서방에 물뿌리니 정토이루고

북방에 물뿌리니 평안해지네.

도량찬

온도량이 청정하여 티끌없으니

삼보천룡 이도량에 강림하시네

제가이제 묘한진언 외우옵나니

대자대비 베푸시어 가호하소서.

참회게

지난세월 제가지은 모든악업은

옛적부터 탐진치로 말미암아서

몸과말과 생각으로 지었사오니

제가이제 모든죄업 참회합니다.

사경한 날 :　　　　년　　　월　　　일

참제업장십이존불

나무 참제업장 보승장불

보광왕 화렴조불

일체향화 자재력왕불

백억항하사 결정불

진위덕불

금강견강 소복괴산불

보광월전 묘음존왕불

환희장마니 보적불

무진향 승왕불

사자월불

환희장엄 주왕불

제보당마니 승광불

십악참회

살생으로 지은죄업 참회합니다.

도둑질로 지은죄업 참회합니다.

사음으로 지은죄업 참회합니다.

거짓말로 지은죄업 참회합니다.

꾸민말로 지은죄업 참회합니다.

이간질로 지은죄업 참회합니다.

악한말로 지은죄업 참회합니다.

탐욕으로 지은죄업 참회합니다.

성냄으로 지은죄업 참회합니다.

어리석어 지은죄업 참회합니다.

사경한 날 : 년 월 일

1

오랜세월 쌓인죄업 한생각에 없어지니

마른풀이 타버리듯 남김없이 사라지네.

죄의자성 본래없어 마음따라 일어나니

마음이 사라지면 죄도함께 없어지네.

모든죄가 없어지고 마음조차 사라져서

죄와마음 공해지면 진실한 참회라네

참회진언

옴 살바 못자모지 사다야 사바하

옴 살바 못자모지 사다야 사바하

옴 살바 못자모지 사다야 사바하

준제찬

준제주는 모든공덕 보고이어라

고요한 마음으로 항상외우면

이세상 온갖재난 침범못하리

하늘이나 사람이나 모든중생이

부처님과 다름없는 복을받으니

이와같은 여의주를 지니는이는

결정코 최상의법 이루오리라.

나무 칠구지불모대준제보살

나무 칠구지불모대준제보살

나무 칠구지불모대준제보살

정법계진언

옴 람 옴 람 옴 람

사경한 날 : 년 월 일

호신진언

옴 치림 옴 치림 옴 치림

관세음보살 본심미묘 육자대명왕진언

옴 마니 반메 훔

옴 마니 반메 훔

옴 마니 반메 훔

준제진언

나무 사다남 삼막삼못다 구치남 다냐타

옴 자례주례 준제 사바하 부림

옴 자례주례 준제 사바하 부림

옴 자례주례 준제 사바하 부림

준제발원

제가이제 준제주를 지송하오니

보리심을 발하오며 큰원세우고

선정지혜 어서속히 밝아지오며

모든공덕 남김없이 성취하옵고

수승한복 두루두루 장엄하오며

모든중생 깨달음을 이뤄지이다.

여래십대발원문

원하오니 삼악도를 길이여의고

탐진치 삼독심을 속히끊으며

불법승 삼보이름 항상듣고서

계정혜 삼학도를 힘써닦으며

사경한 날 : 년 월 일

부처님을 따라서 항상배우고

원컨대 보리심에 항상머물며

결정코 극락세계 가서태어나

아미타 부처님을 친견하옵고

온세계 모든국토 몸을나투어

모든중생 빠짐없이 건져지이다.

발사홍서원

가없는 중생을 건지오리다.

끝없는 번뇌를 끊으오리다.

한없는 법문을 배우오리다.

위없는 불도를 이루오리다.

자성의 중생을 건지오리다.

자성의 번뇌를 끊으오리다.

자성의 법문을 배우오리다.

자성의 불도를 이루오리다.

제가 이제 삼보님께 귀명합니다.

시방세계 부처님께 귀명합니다.

시방세계 가르침에 귀명합니다.

시방세계 스님들께 귀명합니다.

사경한 날 :   년   월   일

정구업진언

수리수리 마하수리 수수리 사바하

수리수리 마하수리 수수리 사바하

수리수리 마하수리 수수리 사바하

오방내외안위제신진언

나무 사만다 못다남 옴 도로 도로 지미 사바하

나무 사만다 못다남 옴 도로 도로 지미 사바하

나무 사만다 못다남 옴 도로 도로 지미 사바하

개경게

위없이 심히깊은 미묘한법을

백천만겁 지난들 어찌만나리

제가이제 보고듣고 받아지니니

부처님의 진실한뜻 알아지이다.

개법장진언

옴 아라남 아라다

옴 아라남 아라다

옴 아라남 아라다

천수천안 관음보살 광대하고 원만하며

걸림없는 대비심의 다라니를 청하옵니다.

자비로운 관세음께 절하옵나니

크신원력 원만상호 갖추시옵고

천손으로 중생들을 거두시오며

천눈으로 광명비춰 두루살피네.

사경한 날 :　　　년　　월　　일

진실하온 말씀중에 다라니펴고

함이없는 마음중에 자비심내어

2

온갖소원 지체없이 이뤄주시고

모든죄업 길이길이 없애주시네.

천룡들과 성현들이 옹호하시고

백천삼매 한순간에 이루어지니

이다라니 지닌몸은 광명당이요

이다라니 지닌마음 신통장이라

모든번뇌 씻어내고 고해를건너

보리도의 방편문을 얻게되오며

제가이제 지송하고 귀의하오니

온갖소원 마음따라 이뤄지이다.

자비하신 관세음께 귀의하오니

일체법을 어서속히 알아지이다.

자비하신 관세음께 귀의하오니

지혜의눈 어서어서 얻어지이다.

자비하신 관세음께 귀의하오니

모든중생 어서속히 건네지이다.

자비하신 관세음께 귀의하오니

좋은방편 어서어서 얻어지이다.

자비하신 관세음께 귀의하오니

지혜의배 어서속히 올라지이다.

자비하신 관세음께 귀의하오니

고통바다 어서어서 건너지이다.

사경한 날 : 년 월 일

2

자비하신 관세음께 귀의하오니

계정혜를 어서속히 얻어지이다.

자비하신 관세음께 귀의하오니

열반언덕 어서어서 올라지이다.

자비하신 관세음께 귀의하오니

무위집에 어서속히 들어지이다.

자비하신 관세음께 귀의하오니

진리의몸 어서어서 이뤄지이다.

칼산지옥 제가가면 칼산절로 꺾여지고

화탕지옥 제가가면 화탕절로 사라지며

지옥세계 제가가면 지옥절로 없어지고

아귀세계 제가가면 아귀절로 배부르며

수라세계 제가가면 악한마음 선해지고

축생세계 제가가면 지혜절로 얻어지이다.

나무 관세음보살마하살

나무 대세지보살마하살

나무 천수보살마하살

나무 여의륜보살마하살

나무 대륜보살마하살

나무 관자재보살마하살

나무 정취보살마하살

나무 만월보살마하살

나무 수월보살마하살

나무 군다리보살마하살

사경한 날 : 년 월 일

2

나무 십일면보살마하살

나무 제대보살마하살

나무 본사아미타불

나무 본사아미타불

나무 본사아미타불

신묘장구 대다라니

나모 라다나 다라야야 나막알약 바로기제

새바라야 모지사다바야 마하사다바야 마하

가로 니가야 옴 살바 바예수 다라나 가라야

다사명 나막 까리다바 이맘알야 바로기제

새바라 다바 니라간타 나막하리나야 마발다

이사미 살발타 사다남 수반아예염 살바보

다남 바바마라 미수다감 다냐타 옴 아로계

아로가 마지로가 지가란제 혜혜하례 마하모

지 사다바 사마라 사마라 하리나야 구로구

로 갈마 사다야 사다야 도로도로 미연제 마

하미연제 다라다라 다린 나례 새바라 자라

자라 마라미마라 아마라 몰제예혜혜 로계새

바라 라아 미사미 나사야 나베사미사미 나

사야 모하자라 미사미 나사야 호로호로 마

라호로 하례 바나마나바 사라사라 시리시리

소로소로 못쟈못쟈 모다야 모다야 배다리

야 니라간타 가마사 날사남 바라하라나야

마낙 사바하 싯다야 사바하 마하싯다야 사

사경한 날 :   년   월   일

바하 싯다유예 새바라야 사바하 니라간타야
사바하 바라하 목카싱하 목카야 사바하 바
나마 하따야 사바하 자가라 욕다야 사바하
상카섭나네 모다나야 사바하 마하라 구타다
라야 사바하 바마사간타 이사시체다 가릿나
이나야 사바하 먀가라 잘마니바 사나야 사
바하 나모라 다나다라 야야 나막알야 바로
기제 새바라야 사바하

사방찬

동방에 물뿌리니 도량이맑고
남방에 물뿌리니 청량얻으며
서방에 물뿌리니 정토이루고

북방에 물뿌리니 평안해지네.

도량찬

온도량이 청정하여 티끌없으니

삼보천룡 이도량에 강림하시네

제가이제 묘한진언 외우옵나니

대자대비 베푸시어 가호하소서.

참회게

지난세월 제가지은 모든악업은

옛적부터 탐진치로 말미암아서

몸과말과 생각으로 지었사오니

제가이제 모든죄업 참회합니다.

사경한 날 :　　　　년　　　월　　　일

참제업장십이존불

나무 참제업장 보승장불

보광왕 화렴조불

일체향화 자재력왕불

백억항하사 결정불

진위덕불

금강견강 소복괴산불

보광월전 묘음존왕불

환희장마니 보적불

무진향 승왕불

사자월불

환희장엄 주왕불

제보당마니 승광불

십악참회

살생으로 지은죄업 참회합니다.

도둑질로 지은죄업 참회합니다.

사음으로 지은죄업 참회합니다.

거짓말로 지은죄업 참회합니다.

꾸민말로 지은죄업 참회합니다.

이간질로 지은죄업 참회합니다.

악한말로 지은죄업 참회합니다.

탐욕으로 지은죄업 참회합니다.

성냄으로 지은죄업 참회합니다.

어리석어 지은죄업 참회합니다.

사경한 날 : 년 월 일

오랜세월 쌓인죄업 한생각에 없어지니

마른풀이 타버리듯 남김없이 사라지네.

죄의자성 본래없어 마음따라 일어나니

마음이 사라지면 죄도함께 없어지네.

모든죄가 없어지고 마음조차 사라져서

죄와마음 공해지면 진실한 참회라네

참회진언

옴 살바 못자모지 사다야 사바하

옴 살바 못자모지 사다야 사바하

옴 살바 못자모지 사다야 사바하

준제찬

준제주는 모든공덕 보고이어라

고요한 마음으로 항상외우면

이세상 온갖재난 침범못하리

하늘이나 사람이나 모든중생이

부처님과 다름없는 복을받으니

이와같은 여의주를 지니는이는

결정코 최상의법 이루오리라.

나무 칠구지불모대준제보살

나무 칠구지불모대준제보살

나무 칠구지불모대준제보살

정법계진언

옴 람 옴 람 옴 람

사경한 날 : 년 월 일

호신진언

옴 치림 옴 치림 옴 치림

관세음보살 본심미묘 육자대명왕진언

옴 마니 반메 훔

옴 마니 반메 훔

옴 마니 반메 훔

준제진언

나무 사다남 삼먁삼못다 구치남 다냐타

옴 자례주례 준제 사바하 부림

옴 자례주례 준제 사바하 부림

옴 자례주례 준제 사바하 부림

준제발원

제가이제 준제주를 지송하오니

보리심을 발하오며 큰원세우고

선정지혜 어서속히 밝아지오며

모든공덕 남김없이 성취하옵고

수승한복 두루두루 장엄하오며

모든중생 깨달음을 이뤄지이다.

여래십대발원문

원하오니 삼악도를 길이여의고

탐진치 삼독심을 속히끊으며

불법승 삼보이름 항상듣고서

계정혜 삼학도를 힘써닦으며

사경한 날 : 년 월 일

부처님을 따라서 항상배우고

원컨대 보리심에 항상머물며

결정코 극락세계 가서태어나

아미타 부처님을 친견하옵고

온세계 모든국토 몸을나투어

모든중생 빠짐없이 건져지이다.

발사홍서원

가없는 중생을 건지오리다.

끝없는 번뇌를 끊으오리다.

한없는 법문을 배우오리다.

위없는 불도를 이루오리다.

자성의 중생을 건지오리다.

자성의 번뇌를 끊으오리다.

자성의 법문을 배우오리다.

자성의 불도를 이루오리다.

제가 이제 삼보님께 귀명합니다.

시방세계 부처님께 귀명합니다.

시방세계 가르침에 귀명합니다.

시방세계 스님들께 귀명합니다.

사경한 날 : 년 월 일

정구업진언

수리수리 마하수리 수수리 사바하

수리수리 마하수리 수수리 사바하

수리수리 마하수리 수수리 사바하

오방내외안위제신진언

나무 사만다 못다남 옴 도로 도로 지미 사바하

나무 사만다 못다남 옴 도로 도로 지미 사바하

나무 사만다 못다남 옴 도로 도로 지미 사바하

개경게

위없이 심히깊은 미묘한법을

백천만겁 지난들 어찌만나리

제가이제 보고듣고 받아지니니
부처님의 진실한뜻 알아지이다.

개법장진언

옴 아라남 아라다
옴 아라남 아라다
옴 아라남 아라다

천수천안 관음보살 광대하고 원만하며
걸림없는 대비심의 다라니를 청하옵니다.
자비로운 관세음께 절하옵나니
크신원력 원만상호 갖추시옵고
천손으로 중생들을 거두시오며
천눈으로 광명비춰 두루살피네.

사경한 날 : 년 월 일

진실하온 말씀중에 다라니펴고

함이없는 마음중에 자비심내어

온갖소원 지체없이 이뤄주시고

모든죄업 길이길이 없애주시네.

천룡들과 성현들이 옹호하시고

백천삼매 한순간에 이루어지니

이다라니 지닌몸은 광명당이요

이다라니 지닌마음 신통장이라

모든번뇌 씻어내고 고해를건너

보리도의 방편문을 얻게되오며

제가이제 지송하고 귀의하오니

온갖소원 마음따라 이뤄지이다.

자비하신 관세음께 귀의하오니

일체법을 어서속히 알아지이다.

자비하신 관세음께 귀의하오니

지혜의눈 어서어서 얻어지이다.

자비하신 관세음께 귀의하오니

모든중생 어서속히 건네지이다.

자비하신 관세음께 귀의하오니

좋은방편 어서어서 얻어지이다.

자비하신 관세음께 귀의하오니

지혜의배 어서속히 올라지이다.

자비하신 관세음께 귀의하오니

고통바다 어서어서 건너지이다.

사경한 날 : 년 월 일

3

자비하신 관세음께 귀의하오니
계정혜를 어서속히 얻어지이다.
자비하신 관세음께 귀의하오니
열반언덕 어서어서 올라지이다.
자비하신 관세음께 귀의하오니
무위집에 어서속히 들어지이다.
자비하신 관세음께 귀의하오니
진리의몸 어서어서 이뤄지이다.
칼산지옥 제가가면 칼산절로 꺾여지고
화탕지옥 제가가면 화탕절로 사라지며
지옥세계 제가가면 지옥절로 없어지고
아귀세계 제가가면 아귀절로 배부르며

수라세계 제가가면 악한마음 선해지고

축생세계 제가가면 지혜절로 얻어지이다.

나무 관세음보살마하살

나무 대세지보살마하살

나무 천수보살마하살

나무 여의륜보살마하살

나무 대륜보살마하살

나무 관자재보살마하살

나무 정취보살마하살

나무 만월보살마하살

나무 수월보살마하살

나무 군다리보살마하살

사경한 날 : 년 월 일

나무 십일면보살마하살

나무 제대보살마하살

나무 본사아미타불

3

나무 본사아미타불

나무 본사아미타불

신묘장구 대다라니

나모 라다나 다라야야 나막알약 바로기제

새바라야 모지사다바야 마하사다바야 마하

가로 니가야 옴 살바 바예수 다라나 가라야

다사명 나막 까리다바 이맘알야 바로기제

새바라 다바 니라간타 나막하리나야 마발다

이사미 살발타 사다남 수반아예염 살바보

다남 바바마라 미수다감 다냐타 옴 아로계
아로가 마지로가 지가란제 혜혜하례 마하모
지 사다바 사마라 사마라 하리나야 구로구
로 갈마 사다야 사다야 도로도로 미연제 마
하미연제 다라다라 다린 나례 새바라 자라
자라 마라미마라 아마라 몰제예혜혜 로계새
바라 라아 미사미 나사야 나베사미사미 나
사야 모하자라 미사미 나사야 호로호로 마
라호로 하례 바나마나바 사라사라 시리시리
소로소로 못쟈못쟈 모나야 모나야 매다리
야 니라간타 가마사 날사남 바라하라나야
마낙 사바하 싯다야 사바하 마하싯다야 사

사경한 날 : 년 월 일

바하 싯다유예 새바라야 사바하 니라간타야

사바하 바라하 목카싱하 목카야 사바하 바

나마 하따야 사바하 자가라 욕다야 사바하

상카섭나네 모다나야 사바하 마하라 구타다

라야 사바하 바마사간타 이사시체다 가릿나

이나야 사바하 마가라 잘마니바 사나야 사

바하 나모라 다나다라 야야 나막알야 바로

기제 새바라야 사바하

사방찬

동방에 물뿌리니 도량이맑고

남방에 물뿌리니 청량얻으며

서방에 물뿌리니 정토이루고

북방에 물뿌리니 평안해지네.

도량찬

온도량이 청정하여 티끌없으니

삼보천룡 이도량에 강림하시네

제가이제 묘한진언 외우옵나니

대자대비 베푸시어 가호하소서.

참회게

지난세월 제가지은 모든악업은

옛적부터 탐진치로 말미암아서

몸과말과 생각으로 지었사오니

제가이제 모든죄업 참회합니다.

사경한 날 :   년   월   일

참제업장십이존불

나무 참제업장 보승장불

보광왕 화렴조불

일체향화 자재력왕불

백억항하사 결정불

진위덕불

금강견강 소복괴산불

보광월전 묘음존왕불

환희장마니 보적불

무진향 승왕불

사자월불

환희장엄 주왕불

제보당마니 승광불

십악참회

살생으로 지은죄업 참회합니다.

도둑질로 지은죄업 참회합니다.

사음으로 지은죄업 참회합니다.

거짓말로 지은죄업 참회합니다.

꾸민말로 지은죄업 참회합니다.

이간질로 지은죄업 참회합니다.

악한말로 지은죄업 참회합니다.

탐욕으로 지은죄업 참회합니다.

성냄으로 지은죄업 참회합니다.

어리석어 지은죄업 참회합니다.

사경한 날 : 년 월 일

3

오랜세월 쌓인죄업 한생각에 없어지니

마른풀이 타버리듯 남김없이 사라지네.

죄의자성 본래없어 마음따라 일어나니

마음이 사라지면 죄도함께 없어지네.

모든죄가 없어지고 마음조차 사라져서

죄와마음 공해지면 진실한 참회라네

참회진언

옴 살바 못자모지 사다야 사바하

옴 살바 못자모지 사다야 사바하

옴 살바 못자모지 사다야 사바하

준제찬

준제주는 모든공덕 보고이어라

고요한 마음으로 항상외우면

이세상 온갖재난 침범못하리

하늘이나 사람이나 모든중생이

부처님과 다름없는 복을받으니

이와같은 여의주를 지니는이는

결정코 최상의법 이루오리라.

나무 칠구지불모대준제보살

나무 칠구지불모대준제보살

나무 칠구지불모대준제보살

정법계진언

옴 람 옴 람 옴 람

사경한 날 : 년 월 일

호신진언

옴 치림　옴 치림　옴 치림

관세음보살 본심미묘 육자대명왕진언

3

옴 마니 반메 훔

옴 마니 반메 훔

옴 마니 반메 훔

준제진언

나무 사다남 삼먁삼못다 구치남 다냐타

옴 자례주례 준제 사바하 부림

옴 자례주례 준제 사바하 부림

옴 자례주례 준제 사바하 부림

준제발원

제가이제 준제주를 지송하오니

보리심을 발하오며 큰원세우고

선정지혜 어서속히 밝아지오며

모든공덕 남김없이 성취하옵고

수승한복 두루두루 장엄하오며

모든중생 깨달음을 이뤄지이다.

여래십대발원문

원하오니 삼악도를 길이여의고

탐진치 삼독심을 속히끊으며

불법승 삼보이름 항상듣고서

계정혜 삼학도를 힘써닦으며

사경한 날 : 년 월 일

부처님을 따라서 항상배우고

원컨대 보리심에 항상머물며

결정코 극락세계 가서태어나

3

아미타 부처님을 친견하옵고

온세계 모든국토 몸을나투어

모든중생 빠짐없이 건져지이다.

발사홍서원

가없는 중생을 건지오리다.

끝없는 번뇌를 끊으오리다.

한없는 법문을 배우오리다.

위없는 불도를 이루오리다.

자성의 중생을 건지오리다.

자성의 번뇌를 끊으오리다.

자성의 법문을 배우오리다.

자성의 불도를 이루오리다.

제가 이제 삼보님께 귀명합니다.

시방세계 부처님께 귀명합니다.

시방세계 가르침에 귀명합니다.

시방세계 스님들께 귀명합니다.

사경한 날 : 년 월 일

정구업진언

수리수리 마하수리 수수리 사바하

수리수리 마하수리 수수리 사바하

수리수리 마하수리 수수리 사바하

오방내외안위제신진언

나무 사만다 못다남 옴 도로 도로 지미 사바하

나무 사만다 못다남 옴 도로 도로 지미 사바하

나무 사만다 못다남 옴 도로 도로 지미 사바하

개경게

위없이 심히깊은 미묘한법을

백천만겁 지난들 어찌만나리

제가이제 보고듣고 받아지니니
부처님의 진실한뜻 알아지이다.

개법장진언

옴 아라남 아라다
옴 아라남 아라다
옴 아라남 아라다
천수천안 관음보살 광대하고 원만하며
걸림없는 대비심의 다라니를 청하옵니다.
자비로운 관세음께 절하옵나니
크신원력 원만상호 갖추시옵고
천손으로 중생들을 거두시오며
천눈으로 광명비춰 두루살피네.

사경한 날 :　　　년　　월　　일

4

진실하온 말씀중에 다라니펴고
함이없는 마음중에 자비심내어
온갖소원 지체없이 이뤄주시고
모든죄업 길이길이 없애주시네.
천룡들과 성현들이 옹호하시고
백천삼매 한순간에 이루어지니
이다라니 지닌몸은 광명당이요
이다라니 지닌마음 신통장이라
모든번뇌 씻어내고 고해를건너
보리도의 방편문을 얻게되오며
제가이제 지송하고 귀의하오니
온갖소원 마음따라 이뤄지이다.

자비하신 관세음께 귀의하오니
일체법을 어서속히 알아지이다.
자비하신 관세음께 귀의하오니
지혜의눈 어서어서 얻어지이다.
자비하신 관세음께 귀의하오니
모든중생 어서속히 건네지이다.
자비하신 관세음께 귀의하오니
좋은방편 어서어서 얻어지이다.
자비하신 관세음께 귀의하오니
지혜의배 어서속히 올라지이다.
자비하신 관세음께 귀의하오니
고통바다 어서어서 건너지이다.

사경한 날 : 년 월 일

자비하신 관세음께 귀의하오니
계정혜를 어서속히 얻어지이다.
자비하신 관세음께 귀의하오니
열반언덕 어서어서 올라지이다.
4
자비하신 관세음께 귀의하오니
무위집에 어서속히 들어지이다.
자비하신 관세음께 귀의하오니
진리의몸 어서어서 이뤄지이다.
칼산지옥 제가가면 칼산절로 꺾여지고
화탕지옥 제가가면 화탕절로 사라지며
지옥세계 제가가면 지옥절로 없어지고
아귀세계 제가가면 아귀절로 배부르며

수라세계 제가가면 악한마음 선해지고

축생세계 제가가면 지혜절로 얻어지이다.

나무 관세음보살마하살

나무 대세지보살마하살

나무 천수보살마하살

나무 여의륜보살마하살

나무 대륜보살마하살

나무 관자재보살마하살

나무 정취보살마하살

나무 만월보살마하살

나무 수월보살마하살

나무 군다리보살마하살

사경한 날 : 년 월 일

4

나무 십일면보살마하살

나무 제대보살마하살

나무 본사아미타불

나무 본사아미타불

4

나무 본사아미타불

신묘장구 대다라니

나모 라다나 다라야야 나막알약 바로기제

새바라야 모지사다바야 마하사다바야 마하

가로 니가야 옴 살바 바예수 다라나 가라야

다사명 나막 까리다바 이맘알야 바로기제

새바라 다바 니라간타 나막하리나야 마발다

이사미 살발타 사다남 수반아예염 살바보

다남 바바마라 미수다감 다냐타 옴 아로계
아로가 마지로가 지가란제 혜혜하례 마하모
지 사다바 사마라 사마라 하리나야 구로구
로 갈마 사다야 사다야 도로도로 미연제 마
하미연제 다라다라 다린 나례 새바라 자라
자라 마라미마라 아마라 몰제예혜혜 로계새
바라 라아 미사미 나사야 나베사미사미 나
사야 모하자라 미사미 나사야 호로호로 마
라호로 하례 바나마나바 사라사라 시리시리
소로소로 못쟈못쟈 모다야 모다야 매다리
야 니라간타 가마사 날사남 바라하라나야
마낙 사바하 싯다야 사바하 마하싯다야 사

사경한 날 :   년   월   일

바하 싯다유예 새바라야 사바하 니라간타야
사바하 바라하 목카싱하 목카야 사바하 바
나마 하따야 사바하 자가라 욕다야 사바하
상카섭나네 모다나야 사바하 마하라 구타다
라야 사바하 바마사간타 이사시체다 가릿나
이나야 사바하 먀가라 잘마니바 사나야 사
바하 나모라 다나다라 야야 나막알야 바로
기제 새바라야 사바하

사방찬

동방에 물뿌리니 도량이맑고
남방에 물뿌리니 청량얻으며
서방에 물뿌리니 정토이루고

북방에 물뿌리니 평안해지네.

도량찬

온도량이 청정하여 티끌없으니

삼보천룡 이도량에 강림하시네

제가이제 묘한진언 외우옵나니

대자대비 베푸시어 가호하소서.

참회게

지난세월 제가지은 모든악업은

옛적부터 탐진치로 말미암아서

몸과말과 생각으로 지었사오니

제가이제 모든죄업 참회합니다.

사경한 날 : 년 월 일

참제업장십이존불

나무 참제업장 보승장불

보광왕 화렴조불

일체향화 자재력왕불

4

백억항하사 결정불

진위덕불

금강견강 소복괴산불

보광월전 묘음존왕불

환희장마니 보적불

무진향 승왕불

사자월불

환희장엄 주왕불

제보당마니 승광불

십악참회

살생으로 지은죄업 참회합니다.

도둑질로 지은죄업 참회합니다.

사음으로 지은죄업 참회합니다.

거짓말로 지은죄업 참회합니다.

꾸민말로 지은죄업 참회합니다.

이간질로 지은죄업 참회합니다.

악한말로 지은죄업 참회합니다.

탐욕으로 지은죄업 참회합니다.

성냄으로 지은죄업 참회합니다.

어리석어 지은죄업 참회합니다.

사경한 날 : 년 월 일

오랜세월 쌓인죄업 한생각에 없어지니

마른풀이 타버리듯 남김없이 사라지네.

죄의자성 본래없어 마음따라 일어나니

마음이 사라지면 죄도함께 없어지네.

모든죄가 없어지고 마음조차 사라져서

죄와마음 공해지면 진실한 참회라네

참회진언

옴 살바 못자모지 사다야 사바하

옴 살바 못자모지 사다야 사바하

옴 살바 못자모지 사다야 사바하

준제찬

준제주는 모든공덕 보고이어라

고요한 마음으로 항상외우면

이세상 온갖재난 침범못하리

하늘이나 사람이나 모든중생이

부처님과 다름없는 복을받으니

이와같은 여의주를 지니는이는

결정코 최상의법 이루오리라.

나무 칠구지불모대준제보살

나무 칠구지불모대준제보살

나무 칠구지불모대준제보살

정법계진언

옴 람 옴 람 옴 람

사경한 날 : 년 월 일

4

호신진언

옴 치림　옴 치림　옴 치림

관세음보살 본심미묘 육자대명왕진언

옴 마니 반메 훔

옴 마니 반메 훔

옴 마니 반메 훔

준제진언

나무 사다남 삼막삼못다 구치남 다냐타

옴 자례주례 준제 사바하 부림

옴 자례주례 준제 사바하 부림

옴 자례주례 준제 사바하 부림

준제발원

제가이제 준제주를 지송하오니

보리심을 발하오며 큰원세우고

선정지혜 어서속히 밝아지오며

모든공덕 남김없이 성취하옵고

수승한복 두루두루 장엄하오며

모든중생 깨달음을 이뤄지이다.

여래십대발원문

원하오니 삼악도를 길이여의고

탐진치 삼독심을 속히끊으며

불법승 삼보이름 항상듣고서

계정혜 삼학도를 힘써닦으며

사경한 날 : 년 월 일

부처님을 따라서 항상배우고

원컨대 보리심에 항상머물며

결정코 극락세계 가서태어나

아미타 부처님을 친견하옵고

4

온세계 모든국토 몸을나투어

모든중생 빠짐없이 건져지이다.

발사홍서원

가없는 중생을 건지오리다.

끝없는 번뇌를 끊으오리다.

한없는 법문을 배우오리다.

위없는 불도를 이루오리다.

자성의 중생을 건지오리다.

자성의 번뇌를 끊으오리다.

자성의 법문을 배우오리다.

자성의 불도를 이루오리다.

제가 이제 삼보님께 귀명합니다.

시방세계 부처님께 귀명합니다.

시방세계 가르침에 귀명합니다.

시방세계 스님들께 귀명합니다.

사경한 날 :   년   월   일

5

정구업진언

수리수리 마하수리 수수리 사바하

수리수리 마하수리 수수리 사바하

수리수리 마하수리 수수리 사바하

오방내외안위제신진언

나무 사만다 못다남 옴 도로 도로 지미 사바하

나무 사만다 못다남 옴 도로 도로 지미 사바하

나무 사만다 못다남 옴 도로 도로 지미 사바하

개경게

위없이 심히깊은 미묘한법을

백천만겁 지난들 어찌만나리

제가이제 보고듣고 받아지니니

부처님의 진실한뜻 알아지이다.

개법장진언

옴 아라남 아라다

옴 아라남 아라다

옴 아라남 아라다

천수천안 관음보살 광대하고 원만하며

걸림없는 대비심의 다라니를 청하옵니다.

자비로운 관세음께 절하옵나니

크신원력 원만상호 갖추시옵고

천손으로 중생들을 거두시오며

천눈으로 광명비춰 두루살피네.

사경한 날 : 년 월 일

진실하온 말씀중에 다라니펴고

함이없는 마음중에 자비심내어

온갖소원 지체없이 이뤄주시고

모든죄업 길이길이 없애주시네.

천룡들과 성현들이 옹호하시고

백천삼매 한순간에 이루어지니

이다라니 지닌몸은 광명당이요

이다라니 지닌마음 신통장이라

모든번뇌 씻어내고 고해를건너

보리도의 방편문을 얻게되오며

제가이제 지송하고 귀의하오니

온갖소원 마음따라 이뤄지이다.

자비하신 관세음께 귀의하오니

일체법을 어서속히 알아지이다.

자비하신 관세음께 귀의하오니

지혜의눈 어서어서 얻어지이다.

자비하신 관세음께 귀의하오니

모든중생 어서속히 건네지이다.

자비하신 관세음께 귀의하오니

좋은방편 어서어서 얻어지이다.

자비하신 관세음께 귀의하오니

지혜의배 어서속히 올라지이다.

자비하신 관세음께 귀의하오니

고통바다 어서어서 건너지이다.

사경한 날 : 년 월 일

5

자비하신 관세음께 귀의하오니

계정혜를 어서속히 얻어지이다.

자비하신 관세음께 귀의하오니

열반언덕 어서어서 올라지이다.

자비하신 관세음께 귀의하오니

무위집에 어서속히 들어지이다.

자비하신 관세음께 귀의하오니

진리의몸 어서어서 이뤄지이다.

칼산지옥 제가가면 칼산절로 꺾여지고

화탕지옥 제가가면 화탕절로 사라지며

지옥세계 제가가면 지옥절로 없어지고

아귀세계 제가가면 아귀절로 배부르며

수라세계 제가가면 악한마음 선해지고

축생세계 제가가면 지혜절로 얻어지이다.

나무 관세음보살마하살

나무 대세지보살마하살

나무 천수보살마하살

나무 여의륜보살마하살

나무 대륜보살마하살

나무 관자재보살마하살

나무 정취보살마하살

나무 만월보살마하살

나무 수월보살마하살

나무 군다리보살마하살

사경한 날 : 년 월 일

5

나무 십일면보살마하살

나무 제대보살마하살

나무 본사아미타불

나무 본사아미타불

나무 본사아미타불

신묘장구 대다라니

나모 라다나 다라야야 나막알약 바로기제

새바라야 모지사다바야 마하사다바야 마하

가로 니가야 옴 살바 바예수 다라나 가라야

다사명 나막 까리다바 이맘알야 바로기제

새바라 다바 니라간타 나막하리나야 마발다

이사미 살발타 사다남 수반아예염 살바보

다남 바바마라 미수다감 다냐타 옴 아로계

아로가 마지로가 지가란제 혜혜하례 마하모

지 사다바 사마라 사마라 하리나야 구로구

로 갈마 사다야 사다야 도로도로 미연제 마

하미연제 다라다라 다린 나례 새바라 자라

자라 마라미마라 아마라 몰제예혜혜 로계새

바라 라아 미사미 나사야 나베사미사미 나

사야 모하자라 미사미 나사야 호로호로 마

라호로 하례 바나마나바 사라사라 시리시리

소로소로 못쟈못쟈 모다야 모다야 매다리

야 니라간타 가마사 날사남 바라하라나야

마낙 사바하 싯다야 사바하 마하싯다야 사

사경한 날 :　　　　년　　월　　일

바하 싯다유예 새바라야 사바하 니라간타야

사바하 바라하 목카싱하 목카야 사바하 바

나마 하따야 사바하 자가라 욕다야 사바하

상카섭나네 모다나야 사바하 마하라 구타다

라야 사바하 바마사간타 이사시체다 가릿나

이나야 사바하 먀가라 잘마니바 사나야 사

바하 나모라 다나다라 야야 나막알야 바로

기제 새바라야 사바하

사방찬

동방에 물뿌리니 도량이맑고

남방에 물뿌리니 청량얻으며

서방에 물뿌리니 정토이루고

북방에 물뿌리니 평안해지네.

도량찬

온도량이 청정하여 티끌없으니

삼보천룡 이도량에 강림하시네

제가이제 묘한진언 외우옵나니

대자대비 베푸시어 가호하소서.

참회게

지난세월 제가지은 모든악업은

옛적부터 탐진치로 말미암아서

몸과말과 생각으로 지었사오니

제가이제 모든죄업 참회합니다.

사경한 날 : 년 월 일

참제업장십이존불

나무 참제업장 보승장불

보광왕 화렴조불

일체향화 자재력왕불

백억항하사 결정불

5

진위덕불

금강견강 소복괴산불

보광월전 묘음존왕불

환희장마니 보적불

무진향 승왕불

사자월불

환희장엄 주왕불

제보당마니 승광불

십악참회

살생으로 지은죄업 참회합니다.

도둑질로 지은죄업 참회합니다.

사음으로 지은죄업 참회합니다.

거짓말로 지은죄업 참회합니다.

꾸민말로 지은죄업 참회합니다.

이간질로 지은죄업 참회합니다.

악한말로 지은죄업 참회합니다.

탐욕으로 지은죄업 참회합니다.

성냄으로 지은죄업 참회합니다.

어리석어 지은죄업 참회합니다.

사경한 날 : 년 월 일

오랜세월 쌓인죄업 한생각에 없어지니

마른풀이 타버리듯 남김없이 사라지네.

죄의자성 본래없어 마음따라 일어나니

마음이 사라지면 죄도함께 없어지네.

모든죄가 없어지고 마음조차 사라져서

5

죄와마음 공해지면 진실한 참회라네

참회진언

옴 살바 못자모지 사다야 사바하

옴 살바 못자모지 사다야 사바하

옴 살바 못자모지 사다야 사바하

준제찬

준제주는 모든공덕 보고이어라

고요한 마음으로 항상외우면

이세상 온갖재난 침범못하리

하늘이나 사람이나 모든중생이

부처님과 다름없는 복을받으니

이와같은 여의주를 지니는이는

결정코 최상의법 이루오리라.

나무 칠구지불모대준제보살

나무 칠구지불모대준제보살

나무 칠구지불모대준제보살

정법계진언

옴 람 옴 람 옴 람

사경한 날 : 년 월 일

호신진언

옴 치림　옴 치림　옴 치림

관세음보살 본심미묘 육자대명왕진언

옴 마니 반메 훔

옴 마니 반메 훔

옴 마니 반메 훔

준제진언

나무 사다남 삼먁삼못다 구치남 다냐타

옴 자례주례 준제 사바하 부림

옴 자례주례 준제 사바하 부림

옴 자례주례 준제 사바하 부림

준제발원

제가이제 준제주를 지송하오니

보리심을 발하오며 큰원세우고

선정지혜 어서속히 밝아지오며

모든공덕 남김없이 성취하옵고

수승한복 두루두루 장엄하오며

모든중생 깨달음을 이뤄지이다.

여래십대발원문

원하오니 삼악도를 길이여의고

탐진치 삼독심을 속히끊으며

불법승 삼보이름 항상듣고서

계정혜 삼학도를 힘써닦으며

사경한 날 : 년 월 일

부처님을 따라서 항상배우고

원컨대 보리심에 항상머물며

결정코 극락세계 가서태어나

아미타 부처님을 친견하옵고

온세계 모든국토 몸을나투어

모든중생 빠짐없이 건져지이다.

발사홍서원

가없는 중생을 건지오리다.

끝없는 번뇌를 끊으오리다.

한없는 법문을 배우오리다.

위없는 불도를 이루오리다.

자성의 중생을 건지오리다.

자성의 번뇌를 끊으오리다.

자성의 법문을 배우오리다.

자성의 불도를 이루오리다.

제가 이제 삼보님께 귀명합니다.

시방세계 부처님께 귀명합니다.

시방세계 가르침에 귀명합니다.

시방세계 스님들께 귀명합니다.

5

사경한 날 :　　　년　　월　　일

정구업진언

수리수리 마하수리 수수리 사바하

수리수리 마하수리 수수리 사바하

수리수리 마하수리 수수리 사바하

오방내외안위제신진언

나무 사만다 못다남 옴 도로 도로 지미 사바하

나무 사만다 못다남 옴 도로 도로 지미 사바하

나무 사만다 못다남 옴 도로 도로 지미 사바하

개경게

위없이 심히깊은 미묘한법을

백천만겁 지난들 어찌만나리

제가이제 보고듣고 받아지니니

부처님의 진실한뜻 알아지이다.

개법장진언

옴 아라남 아라다

옴 아라남 아라다

옴 아라남 아라다

천수천안 관음보살 광대하고 원만하며

걸림없는 대비심의 다라니를 청하옵니다.

자비로운 관세음께 절하옵나니

크신원력 원만상호 갖추시옵고

천손으로 중생들을 거두시오며

천눈으로 광명비춰 두루살피네.

사경한 날 : 년 월 일

진실하온 말씀중에 다라니펴고
함이없는 마음중에 자비심내어
온갖소원 지체없이 이뤄주시고
모든죄업 길이길이 없애주시네.
천룡들과 성현들이 옹호하시고
백천삼매 한순간에 이루어지니
이다라니 지닌몸은 광명당이요
이다라니 지닌마음 신통장이라
모든번뇌 씻어내고 고해를건너
보리도의 방편문을 얻게되오며
제가이제 지송하고 귀의하오니
온갖소원 마음따라 이뤄지이다.

6

자비하신 관세음께 귀의하오니

일체법을 어서속히 알아지이다.

자비하신 관세음께 귀의하오니

지혜의눈 어서어서 얻어지이다.

자비하신 관세음께 귀의하오니

모든중생 어서속히 건네지이다.

자비하신 관세음께 귀의하오니

좋은방편 어서어서 얻어지이다.

자비하신 관세음께 귀의하오니

지혜의배 어서속히 올라지이다.

자비하신 관세음께 귀의하오니

고통바다 어서어서 건너지이다.

사경한 날 : 년 월 일

자비하신 관세음께 귀의하오니

계정혜를 어서속히 얻어지이다.

자비하신 관세음께 귀의하오니

열반언덕 어서어서 올라지이다.

자비하신 관세음께 귀의하오니

무위집에 어서속히 들어지이다.

6

자비하신 관세음께 귀의하오니

진리의몸 어서어서 이뤄지이다.

칼산지옥 제가가면 칼산절로 꺾여지고

화탕지옥 제가가면 화탕절로 사라지며

지옥세계 제가가면 지옥절로 없어지고

아귀세계 제가가면 아귀절로 배부르며

수라세계 제가가면 악한마음 선해지고

축생세계 제가가면 지혜절로 얻어지이다.

나무 관세음보살마하살

나무 대세지보살마하살

나무 천수보살마하살

나무 여의륜보살마하살

나무 대륜보살마하살

나무 관자재보살마하살

나무 정취보살마하살

나무 만월보살마하살

나무 수월보살마하살

나무 군다리보살마하살

사경한 날 : 년 월 일

나무 십일면보살마하살

나무 제대보살마하살

나무 본사아미타불

나무 본사아미타불

나무 본사아미타불

신묘장구 대다라니

나모 라다나 다라야야 나막알약 바로기제

새바라야 모지사다바야 마하사다바야 마하

가로 니가야 옴 살바 바예수 다라나 가라야

다사명 나막 까리다바 이맘알야 바로기제

새바라 다바 니라간타 나막하리나야 마발다

이사미 살발타 사다남 수반아예염 살바보

다남 바바마라 미수다감 다냐타 옴 아로계

아로가 마지로가 지가란제 혜혜하례 마하모

지 사다바 사마라 사마라 하리나야 구로구

로 갈마 사다야 사다야 도로도로 미연제 마

하미연제 다라다라 다린 나례 새바라 자라

자라 마라미마라 아마라 몰제예혜혜 로계새

바라 라아 미사미 나사야 나베사미사미 나

사야 모하자라 미사미 나사야 호로호로 마

라호로 하례 바나마나바 사라사라 시리시리

소로소로 못자못자 모다야 모다야 배다리

야 니라간타 가마사 날사남 바라하라나야

마낙 사바하 싯다야 사바하 마하싯다야 사

사경한 날 : 년 월 일

바하 싯다유예 새바라야 사바하 니라간타야
사바하 바라하 목카싱하 목카야 사바하 바
나마 하따야 사바하 자가라 욕다야 사바하
상카섭나네 모다나야 사바하 마하라 구타다
라야 사바하 바마사간타 이사시체다 가릿나
이나야 사바하 먀가라 잘마니바 사나야 사
바하 나모라 다나다라 야야 나막알야 바로
기제 새바라야 사바하

사방찬

동방에 물뿌리니 도량이맑고
남방에 물뿌리니 청량얻으며
서방에 물뿌리니 정토이루고

북방에 물뿌리니 평안해지네.

도량찬

온도량이 청정하여 티끌없으니

삼보천룡 이도량에 강림하시네

제가이제 묘한진언 외우옵나니

대자대비 베푸시어 가호하소서.

참회게

지난세월 제가지은 모든악업은

옛적부터 탐진치로 말미암아서

몸과말과 생각으로 지었사오니

제가이제 모든죄업 참회합니다.

사경한 날 : 년 월 일

참제업장십이존불

나무 참제업장 보승장불

보광왕 화렴조불

일체향화 자재력왕불

백억항하사 결정불

진위덕불

6

금강견강 소복괴산불

보광월전 묘음존왕불

환희장마니 보적불

무진향 승왕불

사자월불

환희장엄 주왕불

제보당마니 승광불

십악참회

살생으로 지은죄업 참회합니다.

도둑질로 지은죄업 참회합니다.

사음으로 지은죄업 참회합니다.

거짓말로 지은죄업 참회합니다.

꾸민말로 지은죄업 참회합니다.

이간질로 지은죄업 참회합니다.

악한말로 지은죄업 참회합니다.

탐욕으로 지은죄업 참회합니다.

성냄으로 지은죄업 참회합니다.

어리석어 지은죄업 참회합니다.

사경한 날 :　　　　년　　월　　일

오랜세월 쌓인죄업 한생각에 없어지니

마른풀이 타버리듯 남김없이 사라지네.

죄의자성 본래없어 마음따라 일어나니

마음이 사라지면 죄도함께 없어지네.

모든죄가 없어지고 마음조차 사라져서

죄와마음 공해지면 진실한 참회라네

6

참회진언

옴 살바 못자모지 사다야 사바하

옴 살바 못자모지 사다야 사바하

옴 살바 못자모지 사다야 사바하

준제찬

준제주는 모든공덕 보고이어라

고요한 마음으로 항상외우면

이세상 온갖재난 침범못하리

하늘이나 사람이나 모든중생이

부처님과 다름없는 복을받으니

이와같은 여의주를 지니는이는

결정코 최상의법 이루오리라.

나무 칠구지불모대준제보살

나무 칠구지불모대준제보살

나무 칠구지불모대준제보살

정법계진언

옴 람 옴 람 옴 람

6

사경한 날 : 년 월 일

호신진언

옴 치림　옴 치림　옴 치림

관세음보살 본심미묘 육자대명왕진언

옴 마니 반메 훔

옴 마니 반메 훔

옴 마니 반메 훔

준제진언

나무 사다남 삼막삼못다 구치남 다냐타

옴 자례주례 준제 사바하 부림

옴 자례주례 준제 사바하 부림

옴 자례주례 준제 사바하 부림

준제발원

제가이제 준제주를 지송하오니

보리심을 발하오며 큰원세우고

선정지혜 어서속히 밝아지오며

모든공덕 남김없이 성취하옵고

수승한복 두루두루 장엄하오며

모든중생 깨달음을 이뤄지이다.

여래십대발원문

원하오니 삼악도를 길이여의고

탐진치 삼독심을 속히끊으며

불법승 삼보이름 항상듣고서

계정혜 삼학도를 힘써닦으며

사경한 날 : 년 월 일

부처님을 따라서 항상배우고

원컨대 보리심에 항상머물며

결정코 극락세계 가서태어나

아미타 부처님을 친견하옵고

온세계 모든국토 몸을나투어

모든중생 빠짐없이 건져지이다.

발사홍서원

가없는 중생을 건지오리다.

끝없는 번뇌를 끊으오리다.

한없는 법문을 배우오리다.

위없는 불도를 이루오리다.

자성의 중생을 건지오리다.

자성의 번뇌를 끊으오리다.

자성의 법문을 배우오리다.

자성의 불도를 이루오리다.

제가 이제 삼보님께 귀명합니다.

시방세계 부처님께 귀명합니다.

시방세계 가르침에 귀명합니다.

시방세계 스님들께 귀명합니다.

사경한 날 : 년 월 일

방 함 록

대한불교조계종

종　　정	진제 법원
원로회의장	밀운
총무원장	자승
중앙종회의장	향적
호계원장	일면
교육원장	현응
포교원장	지원

대한불교조계종 의례위원회

위원장	인묵
당연직	총무부장 종훈
	불학연구소장 혜명
	포교연구실장 법상
위촉직	화암
	동주
	지홍
	지현
	법안

의례위원회 실무위원	법경, 정오, 미등, 태경, 혜일
	이윤석, 이성운, 박상률, 윤소희, 고명석

조계종 표준

우리말 천수경 사경본 (사철제본)

개정1판 1쇄 펴냄 2015년 9월 25일
개정1판 9쇄 펴냄 2025년 5월 19일

편 역 대한불교조계종 의례위원회
펴 낸 이 원명
대 표 남배현
펴 낸 곳 (주)조계종출판사

출판등록 제2007-000078호(2007. 4. 27)
주 소 서울시 종로구 삼봉로 81 두산위브파빌리온 1308호
전 화 (02)720-6107
팩 스 (02)733-6708
구입문의 불교전문서점 향전 (02) 2031-2070 / www.jbbook.co.kr

ISBN 979-11-5580-211-3 (03220)

* 책값은 뒤표지에 있습니다.
* (주)조계종출판사의 수익금은 포교 · 교육기금으로 활용됩니다.